# 한반도의 인류

## 글/사진 EBS 한반도의 인류 제작팀

EBS 다큐프라임 〈한반도의 인류〉는 우리 이전에 어떤 사람들이 이 땅에서 살았는지를 살펴보고 오늘을 살아가는 우리에게 '지금 이 순간'의 의미를 생각할 기회를 주고자 기획되었습니다.

**윤승희 작가**는 EBS의 방송작가로 일하고 있습니다. 공부보다 재미있는 책에 홀딱 빠져 보낸 시간들이 의학과 과학, 역사 등 다양한 분야를 넘나들며 다큐멘터리를 쓸 수 있었던 자양분이 되었습니다. 마치 지혜의 화수분 같은 '역사'에 대해 어린이들이 관심을 갖길 마음으로 이 책을 썼습니다. '만약 내가 30만 년 전 과거로 떨어진다면 어떤 모습으로 살아갈까' 라는 상상 속에서 읽으면 더욱 즐거울 것입니다. MBC 〈생방송 화제집중〉, 〈사과나무〉, 〈w〉, EBS 〈다큐 여자〉, 〈명의〉, 다큐프라임 〈생명〉, 〈한반도의 인류〉, 〈생명, 40억년의 비밀〉 등을 집필했습니다.

**추덕담 PD**는 고고미술학을 전공하여 평소에 관심을 갖고 있던 〈한반도의 인류〉에 대하여 철저한 고증을 거침은 물론, 한반도 곳곳을 발로 뛰는 노력으로 이 다큐멘터리를 제작하였습니다. 1994년 EBS에 입사하여 〈서바이벌 잉글리시〉, 〈퀴즈천하통일〉, 〈EBS 문화센터〉를 제작했으며, 〈명의〉로 2007년 EBS 방송대상을 수상했습니다.

## 그림 원유일

중앙대학교에서 한국화를 전공했습니다. 그동안 펴낸 책으로는 『바다의 용 거북선』, 『까막나라 불개』, 『현대 세밀 동화(가축, 공룡)』, 『광개토대왕』 등이 있습니다.

# 한반도의 인류

**❶ 한반도에는 누가 처음 살았을까?**

글·사진 EBS 한반도의 인류 제작팀 | 그림 원유일

상상의집

이곳은 30만 년 전 한반도의 숲 속.
'바스락, 바스락……'

한반도에 처음으로 사람이 들어와 살기 시작했어요. 숲에 살던 동굴곰이나 늑대들에게 두 발로 걷는 사람은 신기한 존재였어요.

한반도에 나타난 새로운 동물은 '호모 에렉투스'라 불리는 원시 인류였어요. 이들의 생김새는 다른 동물과 달랐어요.

털이 없고 반들반들한 피부에 눈두덩은 툭 튀어나와 있고, 광대뼈가 높게 솟은 얼굴은 무척 특이한 생김새였어요. 튼튼한 턱과 커다란 치아를 갖고 있었지요.

하지만 날카로운 발톱이나, 하늘을 나는 날개가 없는 호모 에렉투스는 무서운 맹수들이 가득한 숲 속에서 날쌔게 도망쳐야 하는 약한 사냥감에 불과했어요.

구석기 시대에 지구의 기후는 변화무쌍했어요. 빙하기에는 온 세상이 얼음으로 뒤덮이는 겨울이 계속됐어요. 그러다가 얼음이 녹는 간빙기가 찾아오면 살기가 나아졌어요. 사계절이 있었지만 날씨가 따뜻하고 우거진 숲에는 온갖 열매가 주렁주렁 열렸어요.

화창한 아침, '달려'가 무리를 불러 모았어요. 달려는 무리에서 가장 나이가 많은 지혜로운 여인이었어요.

"열매를 따러 가자!"

달려는 위엄있게 말하고, 앞장서서 숲으로 향했어요.

"달려는 숲 속에서도 길을 잃는 법이 없지."

무리에서 제일 용맹한 '도먹'도 달려를 따랐어요.

사냥은 목숨을 걸어야 하는 위험한 일이었어요. 하지만 열매와 풀뿌리는 언제든 구할 수 있는 먹을거리였지요.

달려가 시키는 대로 무리는 뿔뿔이 흩어져 먹을 수 있는 식물을 거두기 시작했어요. 달려는 독이 있는 식물과 먹어도 되는 식물을 구별할 줄 알았어요. 그것은 달려의 어머니와 그 어머니, 또 그 어머니부터 전수돼 온 삶의 지혜였지요.

달도 사라진 칠흑 같은 밤이었어요. 어둠 속에서 으르렁거리는 늑대들의 울음소리가 들려왔어요. 도먹은 바위 뒤에 숨어서 사냥한 고기를 뜯어 먹는 늑대들을 지켜보고 있었어요. 동료 '노푸'의 입에선 침이 꼴깍 넘어가는 소리가 들렸어요.

배불리 먹은 늑대들이 숲으로 들어가자 도먹은 주위를 두리번거리며 망을 봤어요. 혹시라도 늑대가 돌아올까 봐 몽둥이를 쥔 손에 힘이 꽉 들어갔어요.

"괜찮아, 늑대들은 다 갔어."

도먹이 무리를 부르자 다들 고기에 덤벼들었어요.

"헤헤, 얼마 만에 맛보는 고기냐."

늑대들이 남긴 고기는 많지 않았지만 도먹 무리에게는 횡재나 다름없었어요. 도먹 무리는 초원의 썩은 고기를 찾아다니거나, 맹수들이 사냥한 것을 훔쳐 먹었어요. 고기는 식물보다 더 많은 열량을 내는, 단백질이 풍부한 먹거리였지요.

따뜻하게 몸을 데워 줄 털이 없는 호모 에렉투스에게 밤은 견디기 힘든 시간이었어요. 사방에 둘러싸인 어둠은 더욱 무서웠지요.

동굴도 찾지 못한 밤에는 속이 텅 비어 버린 고목나무를 찾아 그 안에 웅크리고 잠을 자야 했어요. 하늘을 향해 뚫린 구멍으로 비가 들이치고 찬바람이 새어 들어왔어요. 서로 몸을 기대어 체온을 유지하며 춥고 무서운 밤을 견뎌야 했지요.

'우르르…쾅! 콰콰콰…쾅!'

세상을 집어삼킬 듯 천둥 번개가 쳤어요. 초원의 나무 아래에서 비를 피하던 호모 에렉투스들은 세상을 울리는 천둥소리에 몸을 떨었어요.

섬광 같은 빛이 '번쩍' 하고 어둠을 가르며, 번개 한 줄기가 커다란 나무 위로 떨어졌어요. 번개를 맞은 나무는 순식간에 불길에 휩싸이며 쓰러졌어요. 세찬 빗줄기 속에서도 불길은 나무를 집어삼키며 활활 타올랐어요.

불빛을 보고 맹수들이 모두 도망갔어요. 하지만 호모 에렉투스들은 호기심과 모험심이 많았지요. 무리 중 하나가 천천히 불타는 나무로 다가갔어요.

'저것이 무엇일까?'

조심조심 다가가 불에 손을 댄 순간, 깜짝 놀랐어요.

"앗, 뜨거워!"

하지만 도망가지 않고 다시 불 가까이 다가갔어요. 그런데 무시무시한 열기 대신 따뜻한 온기가 느껴졌어요. 한밤중인데도 서로의 얼굴이 보였어요. 무리들은 불타는 나뭇가지를 집어 들고 놀라움과 기쁨에 찬 환호성을 질렀어요.

불은 놀라운 변화를 가져왔어요. 호모 에렉투스들은 밤이면 불을 피워 추위를 이겨 냈고, 불시에 습격하는 맹수들을 쫓아낼 수 있게 됐어요. 자연에서 얻은 불씨는 소중한 보물이었어요. 아직 불을 피울 줄 몰랐기 때문에, 불씨를 꺼뜨리지 않고 잘 지키는 것은 무리가 살아남는 데 아주 중요한 일이 되었어요.

**밝**고 따뜻한 아침 햇살이 동굴 안으로 비춰들었어요. 늦잠을 잔 노푸가 시원하게 기지개를 켜며 일어났어요. 산과 들, 강에 열매와 물고기가 많아 먹을거리 걱정이 없는 여름은 노푸가 가장 좋아하는 계절이었어요.

동굴 앞에는 달려와 도먹이 사이좋게 앉아 서로 이를 잡아 주고 있었어요. 머릿니를 잡아 주는 건 호모 에렉투스들에게 사랑과 친밀감의 표시였지요.

노총각 노푸는 도먹과 달려의 다정한 모습이 부러웠어요. 물론 무리에는 아라라는 소녀가 있었지만, 아라는 늘 노푸를 본체만체했어요. 노푸는 고민이 되었어요.

　　노푸는 숲으로 갔어요. 덜렁거리지만 호기심이 많은 노푸는 동굴이나 동물 흔적을 곧잘 찾아내곤 했어요. 노푸는 싱싱한 새알과 맛있는 벌레를 찾아서 아라에게 주고 싶었어요.
　　새 둥지를 찾아낸 노푸는 신이 나서 껍질을 톡톡 깨고 한입에 쭉 마셨어요. 새알을 두둑하게 챙겨 돌아가는 길에 노푸는 늑대 새끼를 발견했어요.
　　"귀엽다. 아라가 좋아하겠지?"
　　노푸는 헤헤 웃으며 늑대 새끼를 얼른 품에 안았어요.

노푸가 동굴을 향해 가는 길이었어요. 갑자기 새끼 늑대가 낑낑거리며 어미를 불렀어요.

"크…으르릉……."

노푸는 갑자기 겁이 나서 뒤를 돌아봤어요. 수풀 사이에서 어미 늑대가 송곳니를 드러내며 노푸를 향해 으르렁거리고 있었어요.

　노푸는 얼른 새끼를 내려놓고 도망갔어요. 하지만 이미 늦은 일이었어요. 새끼를 훔쳐 가려 한 노푸를 늑대가 가만둘 리 없었지요. 늑대가 날카로운 이빨과 발톱으로 노푸를 공격했어요.

　호모 에렉투스의 평균 수명은 30세 전후였지만 자연재해가 잦고 맹수들에게 습격 당해 제 수명을 다하기란 쉬운 일이 아니었어요.

달려는 아라와 함께 가죽을 손질하고 있었어요. 호모 에렉투스들은 바느질을 할 줄은 몰랐지만 곰과 늑대, 사슴 가죽을 몸에 둘러 피부를 보호하고 추위를 피했어요.

달려는 아라에게 딱딱한 날가죽을 두드리고 무두질을 해서 부드럽게 만드는 법을 가르쳐 주었어요. 무리의 남자들이 먼 곳으로 사냥을 떠나면 달려는 동굴을 지키며 안살림을 맡았어요. 가죽을 다듬고, 숲에서 열매를 따고, 무리의 여자들을 이끌어 아기를 낳고 키우는 일도 척척 해내는 달려는 무리에게 꼭 필요한 사람이었어요.

늑대에게 습격을 당한 노푸가 피를 흘리며 돌아왔어요. 달려는 허둥지둥 달려가 노푸의 상처를 살펴봤어요. 늑대의 이빨에 물린 상처는 꽤 깊어 보였어요.

달려는 어떻게 해야 하는지 알고 있었어요. 달려는 가까운 숲으로 달려가 몇 가지 풀을 뜯어 와 돌로 찧기 시작했어요. 으깬 풀을 노푸의 상처 위에 두툼하게 붙이자 신기하게도 곧 피가 멈추고 노푸의 비명도 잦아들었어요. 달려는 어머니에게 배웠던 대로 한 것이었어요. 호모 에렉투스는 이렇게 자연을 이용할 줄 알았어요.

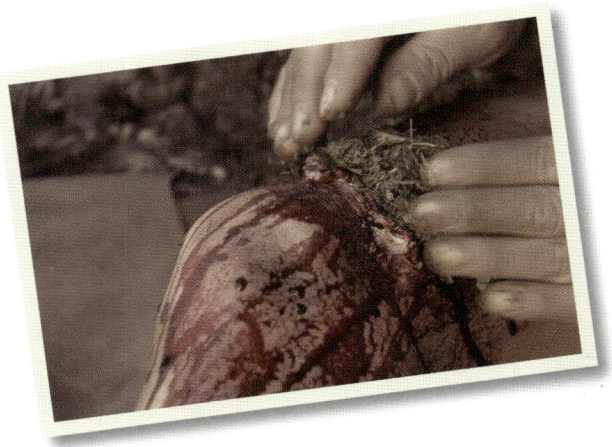

도먹은 호모 에렉투스 무리에서 제일 가는 사냥꾼이었어요. 깨진 돌조각에 손을 베인 도먹은 문득 깨달았어요. 돌을 깨서 만든 조각은 날카로워서 뼈에 붙은 고기를 발라 먹기 좋았어요. 도먹은 더 날카로운 파편을 얻기 위해 무수히 돌을 깨뜨렸어요. 그것은 '뗀석기'라 불리는 석기였어요.

도먹은 커다란 모루에 돌을 내리쳤어요. 점차 경험이 쌓이며 뗀석기를 만드는 기술도 능숙해졌어요. 뗀석기는 구석기 시대의 가장 중요한 도구였어요. 호모 에렉투스들은 강가나 숲에서 주운 돌을 그대로 쓰지 않고, 더 쓰기 편하게 만들어 썼어요.

　커다란 돌을 깨기 위해서는 강한 힘이 필요했어요. 날카로운 돌조각에 손가락을 베이고, 실수로 손을 돌로 찧는 일도 많았어요. 몇 날 며칠을 돌과 씨름하던 도먹은 마침내 상처투성이 손에 석기 하나를 쥐었어요.

　"드디어 완성했어!"

　도먹은 반짝이는 눈으로 석기를 바라봤어요. 석기는 좌우 대칭을 이룬 타원형 모양에, 꼭대기 부분은 예리하고 뾰족했어요. 이것이 바로 '주먹도끼'예요.

　주먹도끼 하나만 있으면 땅 속 깊게 박혀 있는 뿌리도 캘 수 있었어요. 단단한 동물뼈를 깨뜨리기도 좋았지요. 특히 사냥할 때 주먹도끼는 꼭 필요한 도구였어요.

　가을이 가까운 오후, 도먹의 무리는 깊은 숲으로 떠났어요. 도먹의 무리는 더 이상 맹수를 무서워하지 않았어요. 불꽃이 활활 타오르는 횃불과 주먹도끼를 들고 줄을 지어 숲으로 들어갔어요.
　"여기 봐!"
　"사냥감이 가까이 있다!"
　도먹이 나무 둥치에 붙어 있는 동물의 털 뭉치를 찾아냈어요. 옆에는 아직 식지 않은 멧돼지의 배설물도 있었어요. 도먹은 이 흔적을 따라 멧돼지를 쫓기 시작했어요. 도먹은 물웅덩이를 향해 무리를 이끌었어요. 진흙 목욕을 좋아하는 멧돼지의 습성을 알고 있었기 때문이지요.

도먹은 영리한 사냥꾼이었어요. 아무리 날카로워도 주먹도끼만으로 멧돼지를 잡을 수 없다는 걸 알고 있었지요. 멧돼지는 힘이 좋은데다 빠르기까지 했어요.

도먹의 무리는 멧돼지가 다니는 길에 커다란 구덩이를 팠어요. 구덩이 위를 나뭇잎으로 가려 수풀로 위장한 함정을 만들었지요.

"노푸가 멧돼지를 몰아!"

"나한테 맡기라고!"

멧돼지는 어금니를 드러내며 덤벼들었어요. 하지만 곧 노푸가 휘두르는 횃불에 놀라 달리기 시작했어요. 도망치던 멧돼지는 도먹의 예상대로 함정에 빠지고 말았어요.

"와아아아! 멧돼지가 함정에 빠졌다!"

도먹은 주먹도끼를 들고 멧돼지에게 뛰어들었어요.

'꽤엑!'

도먹은 피가 묻은 주먹도끼를 높게 쳐들고 사냥의 성공을 알렸어요. 뒤따라 사냥꾼 무리가 내지르는 우렁찬 환호성이 숲에 메아리쳤어요.

그날 밤 동굴에서는 잔치가 벌어졌어요. 화덕에서는 고기 굽는 냄새가 진동했어요. 멧돼지 사냥에 성공한 것을 축하하며 모두 화덕에 둘러앉았어요. 도먹과 노푸는 자신의 용맹함을 자랑하느라 정신이 없었어요. 고기가 익어 가는 동안 모두들 도먹의 모험담을 듣느라 넋을 잃을 정도였어요.

도먹의 무리는 멧돼지 고기를 모두 공평하게 나눠 먹었어요. 불에 구운 고기는 맛도 있었지만, 소화가 잘되고 단백질이 많아서 뇌를 발달하게 해 주었어요. 호모 에렉투스가 영리해진 것은 그만큼 뇌가 커졌기 때문이지요. 도먹의 동굴에는 밤이 늦도록 불과 고기와 모험담이 넘치는 즐거운 잔치가 계속됐어요.

아주 길고 긴 시간이 흘렀어요. 지금으로부터 5만 년 전 한반도에는 커다란 변화가 찾아왔어요. 빙하기가 찾아온 것이었어요. 호모 에렉투스는 100만 년 넘게 대를 이어 살아오며 여러 차례 빙하기를 견뎌 냈지만 이번 마지막 빙하기는 혹독했어요. 얼마나 추운지 지구의 삼분의 일이 얼음으로 뒤덮였지요.

빙하기가 온 한반도는 겨울만 계속됐어요. 산과 들이 온통 하얀 눈으로 뒤덮였어요. 호모 에렉투스 무리는 새로운 동굴을 찾아 눈밭을 헤맸어요. 먼 옛날 이곳에 살았던 도먹의 혈통을 이어받은 후예들이었어요. 하지만 호모 에렉투스는 급격히 줄었어요. 먹을거리를 찾아 헤매다 추위와 배고픔으로 하나 둘 사라져 갔지요.

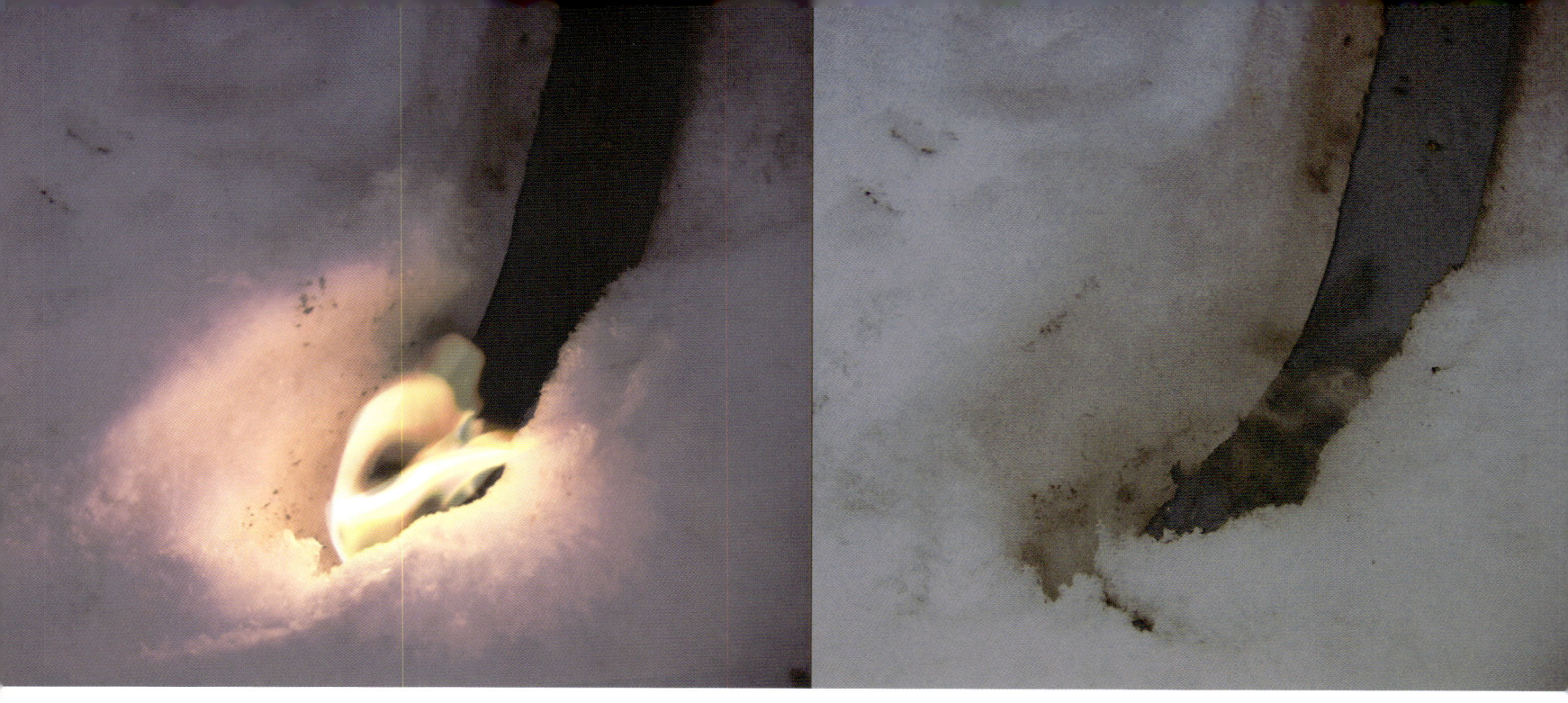

무리는 힘겹게 눈 속을 걷고 있었어요. 한 명이 쓰러졌지만, 무리는 그를 남겨 두고 떠났어요. 호모 에렉투스들은 아직 죽음 이후의 세계를 생각하지 않았거든요.

"모두 힘내자고."

그런데 이번엔 불을 들고 있던 사람이 쓰러지며 횃불이 눈 속에 파묻혀 버렸어요. 그것은 마지막으로 남은 불씨였어요. 모두가 침묵에 휩싸였어요. 호모 에렉투스는 불을 최초로 사용한 인류였지만 불을 피우는 방법을 알지 못했어요. 추운 겨울에 불씨를 잃어버린다는 것은 커다란 재앙이었어요. 모두 절망에 차서 어둠이 다가오는 하늘을 바라봤어요.

　아무리 헤매도 불씨를 갖고 있는 이웃 무리를 만날 수가 없었어요. 불씨를 기다리다가 하나씩 얼어 죽어갔어요. 빙하기가 시작되면서 작은 동물들이 사라지고 매머드 같은 거대한 동물이 나타나 사냥은 더욱 어려워졌어요.

　한참 동안 얼어붙은 들판을 헤매다 드디어 순록 떼를 발견했지만 주먹도끼는 가까이에서만 쓸 수 있는 무기였지요. 바로 그때, 어디선가 날아온 창이 순록을 쓰러뜨렸어요. 무리는 놀라서 멈춰 섰어요. 방금 날아온 무기가 무엇인지 알 수가 없었어요. 무리들은 겁먹은 채 그 자리에 굳어 버렸어요.

눈 쌓인 지평선 너머에서 한 무리의 사람들이 나타났어요. 그들은 호모 에렉투스와 다른 얼굴을 하고 있었어요. 손에 창을 들고, 잘 만들어진 가죽옷을 입은 그들은 눈두덩이 튀어나오지도 않았고 광대뼈가 높게 솟지도 않았어요. 한반도에 나타난 새로운 인류, 바로 호모 사피엔스였어요.

호모 에렉투스 무리는 끝없이 펼쳐지는 눈밭을 방랑했어요. 변하는 자연 환경에 적응하지 못하고 서서히 사라져 갔지요. 그것은 자연의 순리였어요. 주먹도끼의 주인, 호모 에렉투스가 역사 속으로 사라질 시간이 다가온 것이지요.

#  호모 에렉투스와 호모 사피엔스

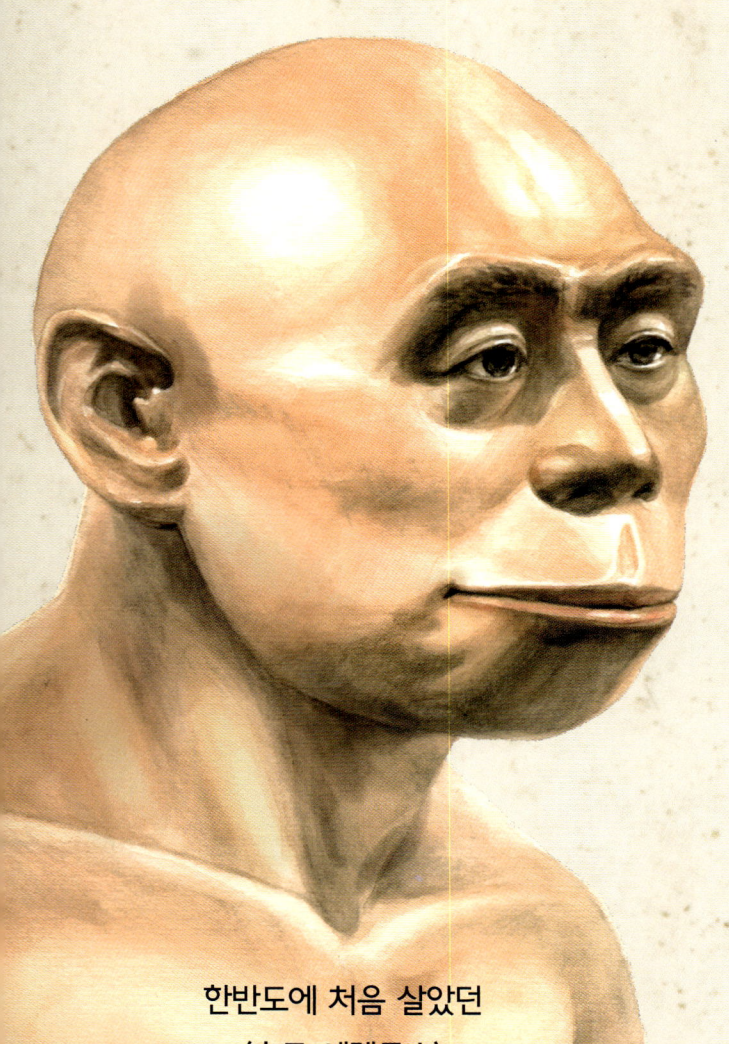

〈호모 에렉투스〉
한반도에 처음 살았던

　한반도에 가장 처음 살았던 사람들은 '호모 에렉투스'입니다. 툭 튀어나온 눈두덩이와 돌출된 광대뼈는 우리와 닮은 데가 별로 없습니다. 약 150만 년 전 나타난 호모 에렉투스는 '곧선사람'이라는 뜻으로, 두 발로 서서 걷기 시작했다는 뜻이지요. 유인원과 비슷했던 그 전의 인류들과 달리, 호모 에렉투스는 '뇌의 크기'에서 큰 차이를 보였어요. 뇌는 생각하고, 표현하는 능력, 다시 말해 인간을 인간답게 만드는 핵심적인 기능을 하기 때문에 아주 중요하지요.

　긴 나뭇가지를 사용해 벌레를 잡아먹는 침팬지나 가장 오래된 원시인류 '오스트랄로피테쿠스'의 뇌 용량은 400cc 정도지요. 하지만 호모 에렉투스의 뇌는 800cc에서 1100cc까지 커졌어요. 더 커진 뇌를 가진 호모 에렉투스는 놀라운 일을 해냈어요. 한 손엔 불을, 다른 한 손엔 석기를 들고 고향 아프리카를 벗어나 전 세계로 퍼졌고, 한반도까지 오게 된 것이지요.

100만 년 동안 살아남았던 호모 에렉투스도 멸종을 피할 수는 없었어요. 그 뒤에 한반도엔 누가 살았을까요? 바로 현생 인류인, '호모 사피엔스'예요. 호모 사피엔스와 호모 에렉투스는 개와 고양이가 다른 동물인 것처럼 유전적으로 전혀 다른 특성을 가진, 다른 종(種)의 인류예요.

호모 사피엔스는 '슬기사람'이란 뜻으로, 지혜가 있는 사람이란 뜻이지요. 호모 사피엔스의 고향도 아프리카였어요. 약 20만 년 전에 아프리카에서 태어나 짧은 시간 안에 전 세계 구석구석으로 퍼졌어요. 5만 년 전부터 한반도에 살기 시작했지요. 가죽 옷을 입고 창을 든 모습은 영락없는 원시인이지만, 얼굴 생김새나 뇌 용량 모두 지금 우리와 차이가 없답니다. 정교하고 발달한 석기를 제작하고, 거대한 매머드까지 사냥할 만큼 똑똑한 호모 사피엔스가 우리의 직계 조상이에요.

오늘날 인류의 조상
〈호모 사피엔스〉

# 구석기 사람들의 삶

　칠흑 같은 어둠, 맹수와 매서운 추위가 도사리고 있는 구석기의 밤은 무척 위험했어요. 그래서 호모 에렉투스 무리는 자연이 만든 동굴에서 살았어요.

　하지만 한반도에는 자연 동굴이 많지 않았어요. 그래서 대부분 강가에 풀과 나뭇가지로 엮은 움막을 짓고 살았지요. 볕이 잘 들고 넓은 동굴을 발견하는 것은 아주 운이 좋은 일이었어요. 충청북도 단양 금굴, 상원 검은모루동굴 등이 대표적인 한반도 구석기 유적지예요.

　동굴 한가운데에는 불을 피우는 화덕이 있었어요. 호모 에렉투스들은 보통 10명 내외의 남자와 여자, 그리고 아이들로 구성돼 무리를 이뤄 살았지요. 사냥에 성공한 날은 화덕에 고기를 구워서 나눠 먹으며 사냥의 성공을 축하했어요.

　밤이면 돌아가며 불이 꺼지지 않도록 지켰어요. 호모 에렉투스 무리는 평등했어요. 지배자도 없었고 강자가 약자를 차별하는 일도 없었어요. 모두 함께 협력해 사냥을 하고, 먹을거리를 구해 살아남았지요.

#  전곡리 구석기 유적과 주먹도끼

　1978년 4월의 어느 날, 한탄강 주변을 거닐던 한 미군 청년의 눈에 돌덩어리 하나가 들어왔어요. 보웬이란 이름의 청년은 깜짝 놀라 돌을 주워 들었어요. 그것은 끝이 창끝처럼 뾰족하게 잘 다듬어진 석기였지요. '전곡리 주먹도끼'가 발견된 순간이었어요.

　한탄강을 끼고 있는 전곡리 유적은 우리나라에서 가장 오래되고, 가장 큰 규모의 구석기 유적이에요. 지금까지 자그마치 6천여 점의 석기가 발굴되었어요. 그중에서 '주먹도끼'는 세계 고고학 역사에서도 중요한 발견이었답니다.

　좌우 모습이 같고 날카롭게 양날을 세운 타원형의 석기! 이것은 '아슐리안형' 석기의 전형적인 형태였어요. 전곡리 주먹도끼가 발견되자 일본과 미국 등 전 세계의 고고학자들은 깜짝 놀랐어요. 그때까지 동아시아에서는 이렇게 발달된 주먹도끼가 발견된 적이 없었거든요.

　그 전까지 동아시아에서 '아슐리안형' 석기가 발견되지 않아서 동아시아는 구석기 문화가 덜 발달했다고 생각되어 왔었어요. 하지만 동아시아에서 꽃핀 구석기 문화를 전곡리 주먹도끼가 확실하게 보여 주었답니다.

연천 전곡리 유적
한탄강

주먹도끼는 사냥한 짐승의 고기를 자르고, 뼈와 가죽을 벗기는 데 없어서는 안 될 필수품이었어요. 또 식물 채집할 때는 땅을 파는 도구로 그만이었지요. 수렵 채집 생활을 하는 호모 에렉투스 무리에게 주먹도끼는 생존에 꼭 필요한 만능 도구였어요. 인간의 지혜와 손기술이 합작해 만들어 낸 주먹도끼는 맹수들보다 힘이 약한 호모 에렉투스가 살아남을 수 있었던 비결이지요. 이만하면 주먹도끼를 '구석기 시대 최고의 명품'이라 부를 만하지요?

**글·사진** EBS 한반도의 인류 제작팀  |  **그림** 원유일

**찍은날** 2012년 2월 23일 초판 1쇄  |  **펴낸날** 2012년 2월 27일 초판 1쇄

**펴낸이** 김상수  |  **기획·편집** 고여주, 위혜정, 김경진  |  **디자인** 정진희, 김수진  |  **영업·마케팅** 황형석

**펴낸곳** 루크하우스  |  **주소** 서울시 성동구 성수 2가 3동 277-58 성수빌딩 **311**호  |  **전화** 02)468-5057~8  |  **팩스** 02)468-5051

**출판등록** 2010년 12월 15일 제2010-59호

www.lukhouse.com

cafe.naver.com/lukhouse

저작권자의 동의 없이 무단 복제 및 전재를 금합니다.

© EBS All rights reserved

ISBN 978-89-97174-22-5  67900

ISBN 978-89-97174-21-8 (세트)

※ 잘못된 책은 구입처에서 바꾸어 드립니다.
※ 값은 뒷표지에 있습니다.